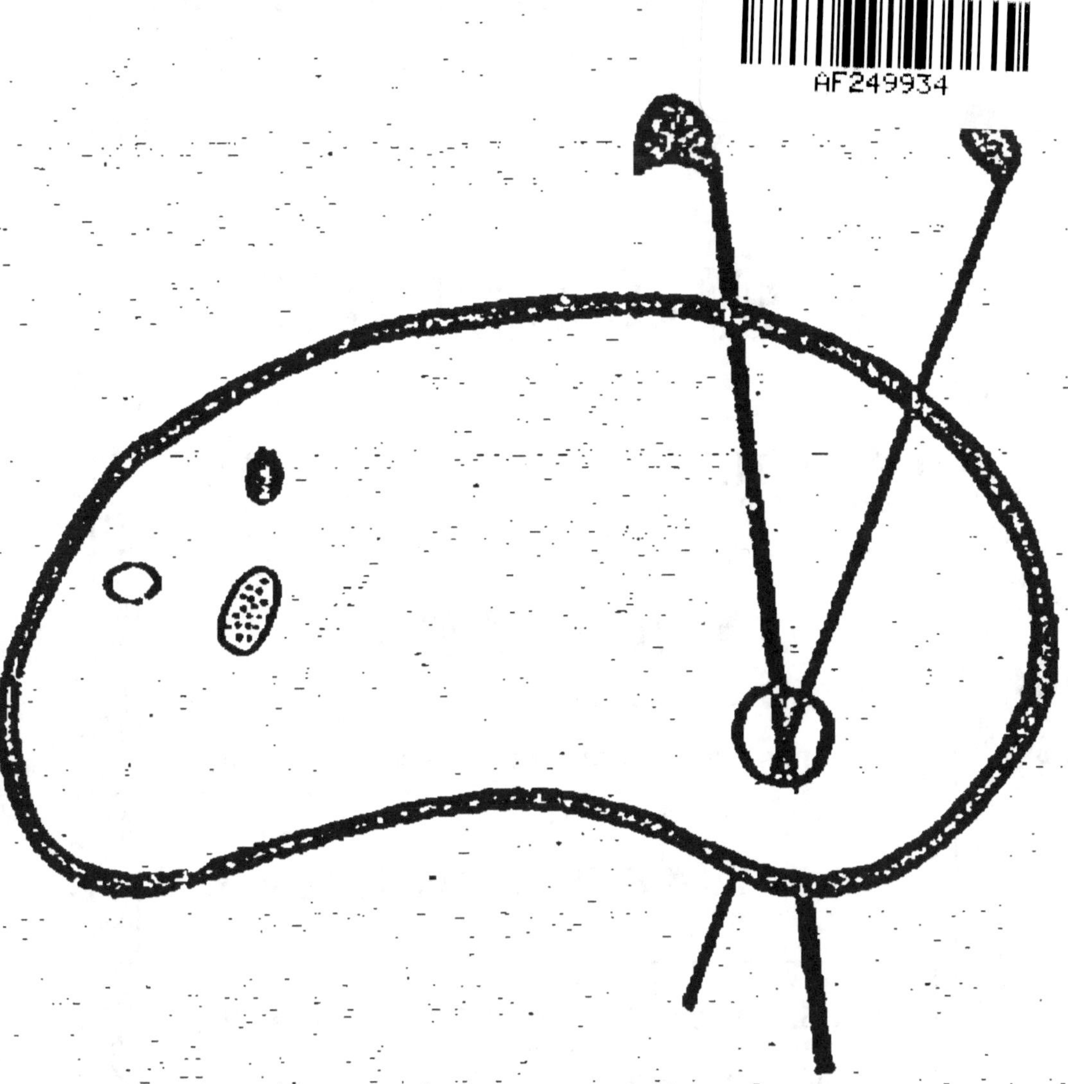

COUVERTURE SUPERIEURE ET INFERIEURE
EN COULEUR

L'ÉDUCATION

ET

LA POLITESSE FRANÇAISE

MANUEL

à l'usage des

ÉLÈVES DES LYCÉES, COLLÈGES ET ÉCOLES PRIMAIRES

par

ANNE CARPORZEN, (), M. A.

PRÉFACE
de M. H. GILLOT, O. I. (), Agrégé de l'Université,
Professeur de Rhétorique au Lycée d'Oran,
Membre du Conseil Général de la *Ligue Française
de l'Enseignement*

ORAN

Imprimerie et Librairie E. ANDRÉO,
8, Rue d'Arzew, 8

1900

LE DRAPEAU

Le vrai Drapeau est :

Celui de nos Régiments dans les plis duquel réside l'âme même de la Patrie ;

Celui qui flotte à l'arrière de nos navires de guerre et porte sur les mers lointaines le nom et le prestige de la France ;

Celui qui brille, à travers la fumée des batailles sur les positions conquises et pour lequel tant de soldats sont morts en braves ;

Celui enfin devant lequel tout le monde se découvre, même le Chef de l'Etat, parce qu'il personnifie tout ce qu'il y a de plus sacré dans le monde :

LA PATRIE, LA FAMILLE, L'HONNEUR ET LE DEVOIR

« Colonel Bruneau »

L'ÉDUCATION

ET

LA POLITESSE FRANÇAISE

MANUEL

à l'usage des

ÉLÈVES DES LYCÉES, COLLÈGES ET ÉCOLES PRIMAIRES

par

ANNE CARPORZEN, O, M. A.

*Inspecteur, Chef de Service, des Produits communaux de la
Ville d'Oran (Algérie)*

Officier de Réserve au 2ᵉ Zouaves

Ouvrage approuvé par le CERCLE ORANAIS de la LIGUE
DE L'ENSEIGNEMENT

PREMIÈRE ÉDITION

PRÉFACE
de M. H. GILLOT, O. I. O, Agrégé de l'Université,
Professeur de Réthorique au Lycée d'Oran,
Membre du Conseil Général de la *Ligue Française
de l'Enseignement*

ORAN
Imprimerie et Librairie E. ANDRÉO
8, Rue d'Arzew, 8

1900

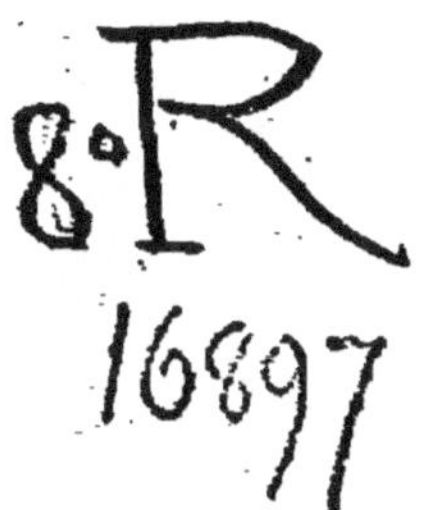

A MES ENFANTS

Je crois en vous dédiant cet ouvrage, vous léguer par parts égales, un témoignage équitable de ma profonde affection en évitant ainsi les retards que provoque dans votre instruction éducative la différence de vos âges.

En consultant fréquemment les divers chapitres de ce manuel, vous acquerrez tous des connaissances uniformes qui vous permettront d'occuper convenablement votre place dans le monde, en admettant même que vos situations y soient différentes.

Faites vous, parmi vos camarades, les propagateurs, par l'exemple et les conseils, de cette bonne éducation qui fut jadis le privilège de tout Français et qui laisse tant à désirer à tous les points de vue depuis longtemps.

Songez qu'elle est principalement nécessaire dans le pays qui vous a vu naître où le mélange des conditions sociales et les croisements des races expliquent, sans les justifier, une indifférence qu'il faut combattre.

Rappelez-vous, à toute heure du jour, que l'homme très instruit est incomplet s'il manque d'éducation et que, si l'instruction est la nourriture de l'intelligence, l'éducation est celle du cœur.

J'ai le ferme espoir que vous tiendrez compte de mes conseils et que nous aurons plus tard, votre excellente mère et moi, la précieuse satisfaction de voir nos cinq enfants fidèles, en toute occasion, aux principes que nous vous aurons enseignés et que les plus jeunes d'entre vous verront constamment mis en pratique par leurs aînés.

Vous vous créerez ainsi vous-mêmes un titre de plus à l'inaltérable affection de

votre père,

A_{NNE} CARPORZEN.

CERCLE ORANAIS

de la Ligue Française de l'Enseignement

Conseil d'Administration

Présidents d'Honneur :

M. le Préfet ;
M. le Maire d'Oran ;
M. l'Inspecteur d'Académie.

Président :

M. le Dr SANDRAS, ☙, O. I. ❂.

Vice-Présidents :

M. PITOLLET, ❂, notaire ;
M. GILLOT, O. I. ❂, Professeur de Réthorique au Lycée d'Oran, Membre du Conseil Général de la Ligue Française de l'Enseignement.

Secrétaire Général :

M. PHILIPPE, Censeur du Lycée d'Oran.

Secrétaires :

M. KIRMANN, Commis principal à la Mairie ;
M. SIGONNEY, Commerçant à Eckmühl.

Trésoriers :

M. Emile BARDE, Entrepreneur ;
M. CARPORZEN, ❂, Inspecteur des Produits Communaux.

Membres

MM. GUIONIE, O. I. ❂, Inspecteur primaire ;
JOHNER, ❂, Premier Adjoint au Maire ;
SARTIN, Adjoint au Maire ;
RENARD, O. I. ❂, Directeur de l'Ecole de Karguentah ;
JALRAS Etienne, ❂, Délégué financier ;
FAURE Jean, ❂, Président du Conseil des Prud'hommes ;

MM. DUBUISSON, Rédacteur à la Préfecture ;
BORRÉO, Rédacteur à la Préfecture ;
COURRECH, Directeur de l'Ecole d'Eckmühl ;
MARIE, Instituteur ;
PETAUTON, Avocat ;
BOULOUIS, Employé aux Contributions ;
DELARUE, Instituteur ;
COINTEPAS, Commis de la Trésorerie d'Afrique ;
GEORGES SIMON, Propriétaire ;
AVON, Pharmacien ;
PETIT, Directeur de l'Ecole de la Marine ;
VALBY, ✪, Pharmacien en chef de l'Hôpital civil ;
BÉRANGER, ✪, Professeur au Lycée d'Oran ;
LABADIE, Directeur d'Ecole ;
BOISSIN ✪, A., Directeur de l'Ecole Sédiman ;
MIRAMONT, ✪, Président de la Société des Anciens
    Elèves du Groupe Scolaire de Karguentah ;
BOUTY, O. I. ✪, Secrétaire Général de la Société
    de Géographie.

Extrait du procès-verbal de la réunion du Conseil d'Administration du 13 Février 1900.

———

. . . .

M. Gillot présente au Conseil d'Administration un travail qui lui a été communiqué par l'auteur, Monsieur Carporzen ; il est intitulé « Manuel de l'Education et de la Politesse Française à l'usage des élèves des établissements secondaires et primaires » et lui semble mériter l'approbation et les encouragements du Cercle Oranais de la Ligue Française de l'Enseignement.

Dans cette étude approfondie, M. Carporzen a su condenser les éléments les plus précieux pour parfaire l'éducation des enfants de nos écoles.

M. Gillot ajoute qu'il sera heureux de faire la préface de cet ouvrage qui est digne, à tous les titres, d'être mis entre les mains des enfants et rendra même souvent service à leurs parents ; il prie donc le Conseil de vouloir bien accorder à M. Carporzen l'appui moral et, s'il est possible, le concours financier du Cercle Oranais, pour lui permettre d'entreprendre cette publication.

M. Courrech, Directeur de l'Ecole communale d'Eck-mühl, appuie chaleureusement la proposition de M. Gillot. Il fait connaître que M. Carporzen a fait à

Eckmühl, devant un nombreux auditoire, deux conférences sur les sujets qu'il a, depuis, traités dans sa brochure. Les comptes-rendus flatteurs de ces conférences et les éloges qui ont été prodigués à M. Carporzen, sont un sûr garant du succès de son œuvre.

M. Guionie, Inspecteur Primaire, estime que le Manuel de M. Carporzen pourra utilement trouver place dans toutes les bibliothèques de nos Ecoles. En décidant à cet effet l'achat d'un certain nombre d'exemplaires de ce Manuel, le Conseil d'Administration récompensera, autant qu'il est en son pouvoir, les efforts d'un de ses plus dévoués collaborateurs et lui prêtera, indirectement, malgré l'exiguïté de nos ressources, un appui utile.

A l'unanimité, le Conseil approuve la publication de l'ouvrage de M. Carporzen et, se rangeant à l'avis émis par M. Guionie, décide d'affecter à l'achat d'un certain nombre d'exemplaires, une somme de 60 francs, en regrettant que les exigences budgétaires de notre premier exercice, le mettent dans l'obligation de limiter ainsi ce crédit.

. . . .

Pour extrait conforme :

Le Secrétaire,   *Le Président,*
KIRMANN.   Docteur SANDRAS,

PRÉFACE

Mon cher Carporzen,

En présentant votre ouvrage au « Cercle Oranais de la Ligue de l'Enseignement », j'ai été heureux de dire à nos amis combien j'en jugeais utile et opportune la publication ; je n'éprouve pas un moindre plaisir à le répéter aujourd'hui, suivant votre désir, aux lecteurs à qui vous le destinez.

Nous vivons dans un temps et sous un régime politique tels qu'il n'est permis à personne de se désintéresser des devoirs qu'impose la solidarité humaine. Il n'y a plus aujourd'hui d'aristocratie qui puisse prétendre, par le seul fait de sa naissance ou de sa fortune, au privilège de la bonne éducation et de la politesse ; les lois scolaires, en supprimant le droit à l'ignorance, ont d'autre part imposé au plus humble prolétaire le devoir de ne pas rester étranger aux conventions de politesse et de savoir-vivre que les nécessités de la vie de Société ont rendues générales et quasi obligatoires.

C'est en songeant à ces humbles et à ces ignorants que vous vous êtes décidé à en formuler les préceptes par questions et par réponses, suivant un procédé ancien dont nous nous sommes un peu déshabitués, mais qui force l'attention et précise la pensée. A ceux qui en douteraient, je rappellerai que, pendant la période de lutte qui suivit le 16 MAI, le *Catéchisme Républicain*, rédigé dans cette forme, assura le triomphe de nos idées dans les Villages de France.

Votre petit livre, modeste et sans prétention littéraire, permettra aux enfants du peuple d'avoir, dès leur plus tendre jeunesse, une notion exacte de ces usages factices dont l'observation s'imposera à eux dans la vie plus tyranniquement que certaines lois positives.

Il sera particulièrement profitable à ceux qui ne peuvent trouver dans leur famille, soumise encore à la nécessité, de ne connaître aucun loisir et de travailler sans relâche pour gagner le pain de chaque jour, les conseils et les exemples que vous donnez à vos enfants.

C'est à ceux-ci que vous aviez pensé tout d'abord et c'est pour eux que vous aviez commencé votre travail.

Je vous félicite d'avoir eu ensuite une intention plus généreuse, comme aussi de n'avoir pas limité vos conseils à la première enfance.

Certaines pages, lues par l'enfant dans la famille, attireront l'attention du père sur d'autres passages qui semblent s'adresser plutôt à lui et dont il tirera souvent profit pour lui et les siens. On discutera parfois la légitimité ou l'exactitude de telle ou telle de vos prescriptions et le souci de se montrer plus poli que le voisin excitera peut-être quelques amours-propres.

Je ne crois pas d'ailleurs que nous ayons à craindre

ici de si tôt d'exagération en ce sens et, en considérant les différences d'origine qui rendent si hétérogène la Population de ce pays, je vous sais gré d'avoir formulé nettement les usages que la France a de tout temps imposés au monde civilisé.

Plus que partout, il convient de les faire connaître dans cette Algérie que tant de Héros (soldats ou colons) ont faite si française et de ne pas les laisser s'y effacer devant les habitudes étrangères.

Avec mes vœux bien sincères pour votre succès, recevez, mon cher Carporzen, l'expression affectueuse de mes meilleurs sentiments.

H. GILLOT,
*Membre du Conseil Général
de « La Ligue Française de l'Enseignement »,
Officier de l'Instruction publique.*

Oran, le 23 Février 1900.

L'ÉDUCATION

PREMIÈRE PARTIE

CHAPITRE PREMIER

QUESTION. — *Qu'est-ce que l'éducation ?*

RÉPONSE. — L'éducation est la vertu sociale par excellence ; elle sert à développer les facultés physiques, intellectuelles et morales. Elle s'acquiert par la pratique et se modifie par les déceptions et la souffrance. Elle a pour guide la tolérance.

Q. — *Quels sont les éducateurs de l'enfance ?*

R. — Les parents, les tuteurs, les professeurs et les maîtres.

Q. — *Quels sont les principaux devoirs des pères de famille ?*

R. — Les pères de famille ont pour devoir de donner le bon exemple ; ils sont tenus de faire instruire leurs enfants, de les conseiller sagement dans l'accomplissement de leurs actions ; ils s'efforcent à leur bien faire comprendre la différence qui existe entre le bien et le mal ; ils les préparent aux luttes futures en développant leurs qualités naturelles et en réprimant leurs défauts. Ils les engagent à pratiquer la charité et à aimer leurs semblables. Un père et une mère doivent affectionner leurs enfants sans manifester aucune préférence. Ce serait forfaire aux lois de la nature et de la famille que d'avantager un enfant au détriment des autres.

Q. — *Quels sont les devoirs des professeurs et des maîtres ?*

R. — Les professeurs et les maîtres doivent s'attacher à connaître le caractère de l'enfant, à l'assouplir s'il est nécessaire, mais sans brusquerie, à l'assimiler, autant que possible, à la généralité. Ils instruisent, moralisent et disciplinent tous les enfants qui leur sont confiés. En un mot, leur tâche est de faire des hommes à leur image.

Q.— *Quels moyens emploient-ils pour réussir dans leur tâche ?*

R. — Ils stimulent les qualités du cœur et de l'esprit ; ils font appel au besoin à l'amour-propre, à la dignité individuelle. Ils répriment, par des remontrances, voir même par des punitions, toutes les infractions aux règlements scolaires.

Q. — *Quelles sont les punitions les plus efficaces ?*

R. — Les remontrances et blâmes publics; les travaux supplémentaires; les privations de plaisirs et de récréations; l'affichage; l'amende honorable; l'expulsion temporaire: l'expulsion définitive; la radiation sur les contrôles des établissements universitaires de France.

Devoirs envers la famille

QUESTION. — *Quels sont les devoirs des enfants envers leurs parents ?*

RÉPONSE. — Les enfants doivent aimer, chérir et respecter leurs parents. Leur unique préoccupation doit être de leur procurer le plus de satisfaction possible et de conserver sans tache le nom qu'ils portent.

Q. — *Quelle doit être l'attitude d'un enfant envers ses parents ?*

R. — Un fils ne doit jamais embrasser son père ou sa mère, ou s'adresser à eux, dans une rencontre quelconque, sans se découvrir. Son attitude doit être respectueuse, même dans l'intimité. Son affection doit être invariable et si elle est plus expansive avec la mère, elle ne doit pas aller jusqu'à la familiarité. S'ils sont malades, il ne doit pas tolérer que d'autres leur prodiguent les soins qu'il est à même de leur donner.

S'ils sont infirmes, il doit redoubler d'affection et leur procurer tous les plaisirs propres à adoucir l'amertume de leur existence.

S'ils sont atteints par l'adversité, leurs enfants multiplient leurs consolations et cherchent à les aider contre les revers de fortune.

Les vieillards doivent être l'objet des plus grands soins.

Q. — *Quelle doit être la conduite des enfants séparés de leurs parents ?*

R. — Tout enfant séparé de son père et de sa mère, doit leur écrire souvent, afin de les tenir au courant de ce qui peut les intéresser. Il les renseigne sur ses progrès, ses succès et sur tout ce qui peut les rendre heureux. Son style doit être affectueusement respectueux et intéressant. Il s'informe de l'état de leur santé, de celui de ses frères et sœurs, des membres de sa famille, des amis. Il ne doit pas négliger d'envoyer un bon souvenir à l'adresse des vieux serviteurs de la maison, qui sont les gardiens fidèles de ce qu'il a de plus cher au monde, et de ceux qui ont pris soin de son enfance.

Il s'abstiendra toujours de dire du mal de personne.

Q. — *Quelle attitude doit-on avoir envers ses frères et sœurs ?*

R. — Il faut aimer ses frères et sœurs, ne les quereller jamais et ne point se montrer jaloux d'aucun d'eux. La douceur, la bonté et la complaisance, sont les qualités qui doivent présider aux relations entre frères et sœurs. On ne doit employer avec eux que des expressions convenables, car l'injure rejaillirait sur son auteur et compromettrait le bon renom de la famille.

Les enfants d'une même famille doivent se défendre mutuellement, même au péril de leur vie.

Les plus jeunes s'abstiendront d'imposer à leurs aînés tous leurs caprices ; ils se feront aimer et chérir, au contraire, s'ils les aident dans leurs travaux, s'ils les soulagent dans leurs ennuis, s'ils compatissent à leurs chagrins et leur témoignent d'affectueuses consolations. Les taquineries sans cesse répétées seront évitées entre frères et sœurs.

On commettrait une mauvaise action si on dédaignait ou si on méprisait ses frères et sœurs consanguins ou utérins. On doit aimer son frère et sa sœur de lait qui ont eu la même nourrice.

Devoirs envers les maîtres

QUESTION. — *Quels sont les devoirs des élèves envers leurs professeurs ?*

RÉPONSE. — Les élèves doivent témoigner le plus grand respect à leurs professeurs qui remplacent le chef de famille absent. En recherchant leur estime, ils doivent les aimer et leur être reconnaissants du dévouement qu'ils apportent

dans l'accomplissement de leur mission d'instructeurs et d'éducateurs sociaux.

Q. — *Quel souvenir doit-on garder de ses professeurs ?*

R. — Tout homme de cœur conserve un sentiment de gratitude et de reconnaissance envers ses anciens professeurs, auxquels il doit sa place dans le monde et où il est toujours très heureux de les retrouver prêts à lui être agréables. Il se sent constamment protégé par eux et guidé par leurs enseignements antérieurs.

L'ancien élève constate que chaque jour amène de nouvelles découvertes et que grâce aux leçons de ses maîtres, il lui est permis d'étendre le cercle de son horizon, de ses relations, de ses études, de ses travaux.

Il sent se révéler en lui des aptitudes spéciales, il constate, après réflexion, que ses aspirations nouvelles sont la résultante des conseils qui lui ont été donnés pendant ses études.

L'élève est forcé, par sa conscience même, de manifester sa reconnaissance envers ses anciens professeurs.

Q. — *Quelle doit être la conduite des élèves pendant les cours ?*

R. — L'attention soutenue des élèves témoignera du respect qu'ils ont pour leurs professeurs. Par la bonne tenue de leurs cahiers de cours, ils justifieront qu'ils ont à cœur de conserver le souvenir de leurs maîtres et de leurs travaux.

Ils ne devront jamais hésiter à s'adresser à la bienveillance des professeurs toutes les fois qu'ils n'auront point entendu ou compris.

Pendant les études, chacun s'appliquera à faire consciencieusement ses devoirs. Chercher à copier sur un camarade est une mauvaise action, car c'est lui porter préjudice et c'est faire preuve d'ignorance et de paresse.

Un bon élève ne reste pas inactif lorsque ses devoirs sont terminés ; il les repasse, les corrige, s'il y a lieu, ou bien il prépare sa besogne pour les jours suivants. La rentrée et la sortie des cours se font en silence. Un élève discipliné et respectueux est toujours considéré comme modèle à imiter par ses camarades ; il témoigne de la bonne éducation qu'il a reçue dans sa famille. Il jouit de l'estime de ses maîtres en même temps que de l'affection de ses condisciples.

Q. — *Quel est le but des récréations ?*

R. — Les récréations ont pour but de distraire les élèves et de leur procurer du mouvement. Ils doivent en profiter pour développer leurs aptitudes physiques par la pratique des exercices autorisés. Il n'est pas charitable de ne point admettre un camarade dans une partie ou un amusement organisé ; on doit au contraire engager tout le monde à se divertir en société très nombreuse. C'est en fraternisant qu'on évitera les rancunes et les jalousies. Les surveillants interdiront rigoureusement les conversations intimes qui seraient remarquées entre les mêmes élèves.

Dans les promenades, les jeux seront variés le plus possible afin de généraliser les distractions et pour que tous les élèves puissent y prendre part.

Q. — *Que doivent les élèves à leurs professeurs après leur sortie du Lycée, du Collège ou de l'Ecole ?*

R. — Les élèves bien élevés se présentent généralement à leurs maîtres le jour de la distribution des prix pour leur adresser l'expression de leur respectueuse reconnaissance et de leur fidèle attachement.

Si, pendant les vacances, ils apprennent que leurs maîtres sont malades ou qu'ils aient été frappés par un malheur quelconque, ils doivent s'empresser d'aller les voir ou de leur faire connaître, par une lettre affectueuse, qu'ils prennent part à leurs chagrins ou à leur douleur.

S'ils sont en situation de leur témoigner leur reconnaissance, ils ne doivent pas hésiter à le faire, lorsqu'ils n'ont plus d'attaches avec eux, c'est-à-dire quand ils ne doivent plus travailler sous leur direction.

Si un élève est favorisé par la fortune, il doit songer à ceux qui l'ont élevé, à plus forte raison, à ses anciens et vieux précepteurs *s'ils sont malheureux*.

(Si la nourrice a remplacé la mère, le parrain, le tuteur et les maîtres ont remplacé le père).

Devoirs envers ses camarades

QUESTION. — *Comment devez-vous agir avec vos Camarades ?*

RÉPONSE. — Etant donné que les caractères diffèrent et que les sentiments varient, suivant les sympathies ou les antipathies que l'on provoque, il faut s'appliquer à se faire estimer par ses actes et l'uniformité de ses manières. Une constante politesse, une affabilité permanente, une affection soutenue, une loyauté à toute épreuve, une discrétion calculée, sont les meilleurs moyens à employer pour jouir de la considération générale de ses camarades.

Toute épithète désagréable devra être supprimée dans les discussions ou explications. Il est de règle que le plus âgé cède et conserve, par cela même, la supériorité dans le débat.

N'imposez jamais votre volonté, habituez-vous à vous rallier à la majorité des suffrages et faites-le avec gentillesse et sans arrière-pensée. Se poser en *Mentor* est vouloir, tout simplement, se rendre inconsciemment *ridicule*.

Dénoncer un camarade est une lâcheté ; en dire

du mal, lorsqu'il est absent, est une infâmie. Sachez au besoin supporter une punition que vous jugez imméritée et, en ce cas, ne vous prévalez jamais de votre dévouement. *(Si les coupables ont du cœur, ils se dénonceront eux-mêmes sans hésitation.)*

Q. — *Comment devez-vous agir à l'égard des mauvais camarades ?*

R. — Il convient de plaindre plutôt que de blâmer les mauvais camarades.

Soyez avec eux d'une très grande franchise, d'une parfaite égalité de caractère et efforcez-vous à leur faire comprendre que s'ils persévéraient dans leurs résolutions malsaines ils perdraient la considération des braves cœurs.

Engagez-les à imiter la douceur de celui-ci ; le zèle de celui-là, la persévérance de l'un, le courage de l'autre ; la générosité de Pierre, la discrétion de Paul, la délicatesse de Jean et l'incomparable bonté de Jacques.

Vos efforts seront couronnés de succès si vous êtes assez persévérants et persuasifs. Si ces camarades ont du cœur ils accepteront vos conseils et se rendront à merci.

Ne vous découragez jamais, dans une semblable tâche, ce serait une désertion morale que vous vous reprocheriez toute votre vie, car il est prouvé que chaque enfant a quelque chose de bon en lui-même, bien qu'il n'y ait point d'êtres parfaits. Si vous êtes d'un caractère trop faible, laissez aux autres le soin de ramener dans le droit chemin ceux qui s'en sont écartés.

Q. — *Quelle attitude devez-vous avoir envers les déshérités ?*

R. — On doit plaindre les malheureux, protéger les faibles, défendre les infirmes et les souffre-douleurs. Il convient d'aider les maladroits et d'empêcher de railler les déshérités de la nature.

On manquerait de cœur en n'allant pas voir un camarade malade ou blessé. On se diminuerait à ses propres yeux si on s'abstenait d'assister au convoi funèbre d'un condisciple nécessiteux.

Si vos moyens vous le permettent, faites preuve de générosité en invitant vos camarades malheureux pendant la durée des vacances. Les infirmes sont toujours sensibles aux bontés qu'on a pour eux.

Si plus tard vous rencontrez de vos anciens condisciples malheureux, secourez-les avec discrétion, sans chercher à les humilier ni à vous énorgueillir de votre action charitable.

CHAPITRE II

La Politesse

QUESTION. — *Qu'est-ce que la politesse ?*

RÉPONSE. — La politesse est le principe fondamental de l'éducation ; elle est la sœur jumelle de la charité et le lien qui unit les hommes entre eux. Elle est la mise au point de toute chose correctement traitée. Elle est la vertu qui est toujours et partout appréciée, surtout quand elle a pour objet le bien et l'agrément des autres. Plus elle exige de sacrifices, plus elle ajoute à notre mérite.

Q. — *De quelle considération jouissent les gens polis ?*

R. — Ils jouissent de la considération générale des humbles et des hauts placés. Ils sont admis partout et leur société est recherchée. On dit d'eux qu'ils appartiennent à une bonne famille et qu'ils ont eu *d'excellents professeurs* pendant la durée de leurs études. A ces remarques on constatera que la politesse préserve de la timidité, de l'impertinence, de la fatuité, des maladresses et des inconvenances.

Q. — *La politesse a-t-elle des limites ?*

R. — Le champ d'action de la politesse n'a pas de limites ; elle s'exerce sur le monde entier et sur toutes nos relations privées, intérieures ou extérieures. Ceux qui ne sont polis qu'avec les étrangers ne le sont réellement pas ; ils revêtent, pour la circonstance, un masque de fausseté et de mensonge dont ils rougiront après avoir constaté que ceux qu'ils ont laissés à la maison ont eu à souffrir de leur rudesse à leur égard. Il est bon de se rappeler que, si ceux qui vous affectionnent oublient vos écarts, le monde sera impitoyable pour juger de vos inconvenances.

Q. — *Citez les principaux actes intéressant la politesse : DANS LA RUE ?*

R. — 1º Céder le haut du pavé, aux femmes, aux vieillards, aux infirmes, aux malades, aux gens porteurs de fardeaux, etc...

2º Répondre aux saluts en se découvrant complètement et non en touchant le bord de son chapeau.

3º Ne pas rendre le salut, par fierté, est d'un esprit bien *sot* et bien *borné*.

4º On prévient le salut d'un inférieur et on s'efforce de ne pas se laisser prévenir par un supérieur.

5º On salue une dame très bas. Si elle vous arrête, il faut rester découvert jusqu'au moment où elle vous invite à remettre votre coiffure. Cette règle s'applique à l'égard des supérieurs, des titulaires de la Légion d'honneur, des personnes plus âgées que soi ou revêtues d'un caractère officiel quelconque.

6º On salue de pied ferme et debout : les Drapeaux officiels qui passent devant vous ou à votre hauteur ; les officiers supérieurs et généraux commandant des troupes, les hauts dignitaires ou fonctionnaires en tenue, les convois funèbres, etc., etc...

7º On se lève, si on est assis, pour saluer dans tous les cas indiqués ci-dessus.

Q. — *POLITESSE EN VOITURE ?*

R. — 1º On offre sa main à une dame, à un vieillard qui monte ou descend de voiture. Montez le dernier et descendez toujours le premier à moins d'ordre contraire. Si un supérieur vous dit de monter, n'hésitez jamais.

2· On laisse toujours occuper la place de droite au fond de la voiture, à une dame, à la personne la plus digne ou la plus âgée.

3· On s'abstient de fumer, de priser, de cracher,

en un mot d'accomplir un acte qui puisse incommoder votre société.

4· S'il pleut, prenez la plus mauvaise place, on vous en sera reconnaissant.

5· Adressez-vous poliment au *conducteur* et ne l'appelez jamais cocher.

6· N'ouvrez jamais les portières, attendez que le *conducteur* remplisse ce *devoir*. Donnez vos ordres sans crier.

7· N'encombrez jamais votre voiture de malles ou de paquets ; vous passeriez pour des rustres.

8· En cas d'accident, efforcez-vous à conserver votre sang-froid ; ne sautez jamais par les portières. En cas de péril, faites votre possible pour vous laisser glisser derrière le véhicule.

9· *Saluez en montant, en descendant ou en traversant une voiture publique contenant des voyageurs.* Cédez votre place à une dame, à une personne âgée ou infirme. Ne gênez point vos voisins avec vos bagages, ou des colis qui aient une forte odeur. Tenez votre parapluie mouillé auprès de vous. N'introduisez jamais un animal quelconque dans une voiture publique.

Si quelque chose vous dérange ou vous incommode, faites-en l'observation poliment au conducteur. Descendez plutôt que de provoquer une discussion.

Ne fumez jamais sans en avoir obtenu préalablement l'autorisation des dames et des autres voyageurs. N'établissez point de courants d'air.

10· On agira de même en bâteau, en tramways, en chemin de fer, etc.

Q. — *POLITESSE A CHEVAL ?*

R. — 1o Il faut laisser la droite aux dames, aux supérieurs, aux personnes plus âgées que soi, en ayant soin de se tenir en arrière d'une demi-tête de cheval.

2o Arrêtez votre cheval le moins longtemps possible pour causer à quelqu'un.

3o Ralentissez l'allure en passant à côté d'un autre cavalier.

4o Ne chargez jamais dans les allées fréquentées par des promeneurs.

5o Evitez de soulever la poussière en dépassant une amazone *(arrivé à sa hauteur, saluez toujours, c'est une façon polie de s'excuser de passer devant une dame.)*

6o N'abandonnez point votre cheval à lui-même, il pourrait provoquer quelque malheur et vous créer des ennuis. Portez secours à tous ceux qui auraient été blessés de votre fait.

7o Vous seriez ridicule si vous vous exhibiez en public sans avoir aucune notion d'équitation.

8· Un homme bien élevé fait courir, mais n'affronte pas les dangers de la piste ; il chasse à courre, il prend part aux *rally-paper*, aux excursions, etc...

9· Un maître de maison offre les chevaux les plus doux aux dames, les plus beaux à ses invités, les plus vifs aux jeunes *cavaliers*. Il est de son devoir de dénoncer, les qualités, les vices et l'allure de chaque animal, avant la mise en selle.

10· On tient l'étrier d'une amazone pour l'aider à monter. On la reçoit dans ses bras à la descente.

Q. — *POLITESSE EN PROMENADE OU DANS UN LIEU.FRÉQUENTÉ ?*

R. — 1· Une tenue correcte est de rigueur.

2· Ne saluez qu'une fois la même personne ; ne vous arrêtez que si elle vous y engage. Excusez-vous et retirez-vous si d'autres personnes se présentent.

3· Ne placez point votre canne sous le bras, c'est de mauvais goût et vous pourriez gêner les autres. Ne la faites jamais tourner entre les doigts comme un bateleur. Ne vous en servez point pour secouer la poussière de vos bottes ou de votre pantalon.

4· N'ornez jamais votre boutonnière d'une fleur indiquant votre prétention aux ordres de chevaleries.

5· N'ouvrez jamais complètement votre mouchoir lorsque vous avez besoin de vous en servir.

6º On se sert de son mouchoir, pour recevoir la salive ; on le place devant la bouche pour tousser ou éternuer.

7º Evitez de curer vos ongles, votre nez ou vos oreilles en public,

8· Portez des gants, des chaussures, une coiffure et une cravate à l'abri de toutes critiques. Si vos moyens ne vous permettent pas de répondre à ces exigences, choisissez un autre lieu de promenade. *(Il y a lieu de concevoir cependant qu'à la campagne, la tenue négligée est supportée.)*

9· S'il vient à pleuvoir inopinément, offrez poliment votre parapluie à la dame qui se trouve à côté de vous. En passant à côté d'une personne, prenez garde d'accrocher son parapluie : ayez soin d'élever ou d'abaisser le vôtre.

10· N'appelez jamais personne à haute voix et ne dites point : « Bonjour Monsieur, *un tel !* »

11· Ne cherchez pas à surprendre les conversations de vos voisins ou des personnes auprès desquelles vous passez.

12· Il est grossier de suivre une femme avec obstination, de la regarder avec insistance, de tourner la tête pour la suivre du regard.

13· On ne salue pas avec le cigare aux lèvres.

14· Si vous tenez le bras d'une dame, d'un vieillard ou d'un infirme, réglez votre marche sur la sienne ; présentez un siège si la personne est fatiguée.

15· On accompagne une personne âgée jusqu'à sa porte ; l'on n'agit de même avec une dame que lorsqu'elle vous le demande.

16· On commet une inconvenance grossière en

photographiant par surprise, une jeune fille ou une femme.

17· Dans les établissements de bains, dans les cafés, les concerts, les théâtres et autres lieux publics, il est impoli de lorgner longuement ou plusieurs fois la même personne.

18· Pendant les auditions musicales, ne fredonnez pas et gardez vous bien de battre la mesure avec le pied, la main ou la tête.

19· En public, applaudissez modérément·et ne désapprouvez jamais à haute voix.

20· En toutes circonstances, offrez les meilleures places au membres de société en commençant par les dames.

Q.— *Comment doit-on agir dans un magasin ?*

R. — En entrant dans un magasin, un salut suffit. Soyez convenable avec tout le monde. Excusez-vous si, après avoir fait déplacer plusieurs objets, vous n'achetez rien. N'enlevez point des mains d'une personne un objet qu'elle examine et qui paraît lui plaire. N'exagérez pas vos emplettes et ne faites point étalage de votre fortune ou de vos connaissances spéciales sur les objets achetés.

Politesse Administrative avec le public

Q. — *Quels sont les devoirs réciproques des agents administratifs et du public ?*

R. — Pour être bien accueilli, il faut être

convenable. Le public en entrant se découvre. Un homme de bureau ne se lève pas pour recevoir et il n'accompagne jamais une personne qui sort. Les employés se lèvent si un chef se présente. Un chef de service, au contraire, se lève, offre un siège et accompagne une dame. Tout renseignement fourni mérite un remerciement et un salut.

Les personnes chargées de fonctions publiques ont pour devoir d'accueillir avec bienveillance et politesse, tous ceux qui se réclament de leur ministère. Elles doivent se rappeler qu'elles sont à la disposition du public et non le public à la leur pendant les heures règlementaires de service.

Plus la situation du demandeur est précaire, plus l'employé doit témoigner de déférence au solliciteur, qui ignore les lois.

Les réclamations doivent être examinées avec soin, justice et équité.

Il est inconvenant d'en prolonger la solution et il est malhonnête de chercher à influencer, par des menaces, ceux qui croient avoir raison et qui défendent de bonne foi leurs intérêts.

La plus grande impartialité et la plus parfaite loyauté doivent présider à l'accomplissement de toutes les actions administratives.

Toute réclamation écrite doit être faite dans des termes convenables et accompagnée d'un ou plusieurs timbres, suivant le cas.

On répond au plus vite à une lettre accompagnée d'un timbre. On accuse réception, *sans délai*, à tout envoi de fonds.

Toute faveur offerte par le public et agréée par un employé, *constitue une prévarication ou une corruption* qui entraîne l'indignité du fonctionnaire.

Toute injure formulée à l'adresse d'un citoyen, chargé d'un service public, est poursuivie par la loi.

La plus grande déférence est dûe aux chefs, et ceux-ci ne doivent pas oublier que la plus grande urbanité doit présider à leurs actes. Par une politesse de tous les instants, ils obtiendront tout de leur personnel qui les estimera s'ils sont justes dans leur sévérité.

C'est dans les Administrations qu'il convient d'appliquer les règles du *Savoir-vivre*.

SECONDE PARTIE

CHAPITRE PREMIER

Du Savoir vivre

QUESTION. — *Qu'est-ce que le Savoir-vivre ?*

RÉPONSE. — Le Savoir-vivre est la mise en pratique des leçons d'éducation qui recommandent de ne jamais faire aux autres ce que vous ne voudriez pas qu'on vous fît à vous-mêmes.

Il est lié à tous les usages établis et il intéresse principalement :

1· Les relations extérieures, les présentations, la conversation ;

2· Les visites à rendre ou à recevoir. Les audiences ;

3· Les invitations officielles ou intimes ;

4· La tenue à table ;

5· Les bals et soirées ;

6· Les mariages, les baptêmes, les funérailles.

Relations extérieures

Q. — *Comment se crée-t-on des relations en dehors de la famille ?*

R. — Les présentations faites par vos père et mère et par des *amis* vous créent des relations en dehors de la famille.

En arrivant nouvellement dans une ville, un fonctionnaire se crée des relations en faisant des visites à ses chefs hiérarchiques, aux autorités et aux personnes auprès desquelles il est recommandé.

On ne doit pas confondre relations avec liaisons ; celles-ci ne s'établissent que lorsqu'on a su mériter la considération et l'estime de ceux qui vous reçoivent, et encore faut-il se tenir sur une très-grande réserve et attendre d'être sollicité à différentes reprises.

Il faut agir, en pareil cas, avec beaucoup de tact, de cœur et surtout énormément d'esprit.

Q. — *Comment acquiert-on les habitudes du monde ?*

R. — En observant beaucoup, on acquiert l'expérience des usages du monde. On doit tenir compte également de l'influence de l'instruction qui développe et éclaire l'intelligence, et de l'éducation qui assouplit, forme et élève l'homme.

Pour mettre à profit toutes ces qualités il est naturel d'observer, d'étudier et de définir intérieurement ceux avec lesquels on a à faire.

Cet examen vous oblige à être sobre en paroles, principalement, lorsqu'on débute dans le monde.

Q. — *Quand et comment débutez-vous dans le monde ?*

R. — On ne débute dans le monde qu'après avoir été présenté et agréé.

Des Présentations

Q. — *En quelles circonstances est-il permis de présenter quelqu'un ?*

R. — Un séjour prolongé, en wagon, en voiture, sur un bateau, vous autorise à présenter un ami, un parent ou une connaissance honorable.

Il peut se faire qu'une rencontre fortuite vous engage à agir de même, mais, ces présentations inopinées n'autorisent personne à s'imposer par la suite.

Un père, présente son fils, une mère sa fille. Un oncle ou un frère aîné présente un jeune parent. Une parente âgée, à défaut de la mère présente une jeune fille. Un professeur présente officiellement son meilleur élève. Si un fonctionnaire, civil ou militaire, a pour devoir de se présenter à ses chefs il n'est pas tenu de se présenter ou de se faire présenter à leur famille.

Les obligations mondaines seules peuvent l'entraîner à violer cette coutume mais seulement après un encouragement autorisé.

En général, il convient de ne faire de présentations officielles que dans les cas prévus par la bienséance et le protocole.

Si une personne vous demande à être présentée, récusez-vous si vous n'êtes pas un habitué de la maison ; dans le cas contraire, présentez la correctement mais sans phrase ; on comprendra alors que vous agissez par politesse à la suite d'insistances.

Ne présentez à votre famille que des amis intimes et sérieux.

Une présentation n'entraîne point à des relations ; il faut qu'elle soit suivie d'invitations formelles.

Q. — *Comment présente-t-on une personne ?*

R. — S'adressant au maître ou à la maîtresse de la maison on dit en s'inclinant légèrement et en désignant la personne : « Madame ou Monsieur, j'ai l'honneur de vous présenter mon ami, M. D...., avocat. » Celui-ci s'incline ; la maîtresse de maison déclare être flattée de cette présentation, mais elle évitera de prononcer la phrase banale suivante : *Enchantée de faire votre connaissance.* Si le présenté a de l'esprit, il trouve une réponse spirituelle, et la cérémonie de la présentation est faite. *Un homme ne présente jamais une femme.* Pour présenter une personne à domicile, il faut que l'intermédiaire demande et obtienne au préalable l'autorisation d'amener son protégé et celui-ci ne doit se présenter à nouveau dans cette maison que sur une invitation formelle.

Il est d'usage de présenter les personnes qui se trouvent à votre table, au café, au restaurant ou dans votre loge au théâtre.

Q. — Quelle doit être l'attitude d'un débutant après une présentation ?

R. — Son attitude sera modeste, sans timidité ni raideur. Il s'abstiendra de prendre part à la conversation à moins qu'on ne l'y invite.

De la Conversation

QUESTION. — *Pourquoi les jeunes gens doivent-ils s'abstenir de prendre part à la conversation ?*

RÉPONSE. — Ils doivent s'abstenir parce qu'ils manquent d'expérience et qu'ils pourraient parler à tort et à travers. Ils se feraient mal juger : 1º S'ils transformaient la table de famille en tribune ; 2º S'ils péroraient en divaguant ou divaguaient en pérorant ; 3º S'ils se jetaient au hasard dans toutes les conversations les plus intéressantes et les plus sérieuses.

Sont considérés ridicules et insupportables ceux qui tranchent sur tout ce qu'ils ne connaissent point ou qu'imparfaitement.

Q. — Que faut-il éviter dans la conversation ?

R. — Dans la conversation il faut éviter :

1º d'ennuyer son auditoire ;

2º d'entamer un récit trop scabreux ;

3· de parler ou trop haut ou trop bas ;

4· de souffler au parleur qui hésite ;

5· de rectifier une date ou un fait énoncé, de contredire un sujet ;

6· d'interrompre une personne qui parle ;

7· de parler en aparté pendant la conversation ;

8· de se servir d'expressions incompréhensibles pour certaines personnes ;

9· de rire aux éclats ;

10· de dire du mal des présents ou des absents ; ou de les flatter à l'excès ;

11· d'exagérer les compliments, les reproches, les sarcasmes ;

12· de s'ingénier à faire rougir les dames ou les demoiselles ;

13· de traiter des questions politiques et religieuses, car elles glissent très vite sur un terrain où la conciliation est difficile ;

14· les incorrections de langage, telles que : « *mon vieux* », pour mon père ; « *la boîte* », pour le Lycée ou l'Ecole ; *chose, machin,* pour un tel, etc.

15· de dire : oui, non, tout court ; mais bien oui monsieur, non madame ;

16· de répéter trop souvent des citations latines ou des conjugaisons qui choquent l'oreille. Exemples : « Je désirerais que vous *virassassiez,* que vous *tournassassiez,* que nous *passassiâmes,* etc., etc.

17· les banalités, les bouffonneries, les chants ou récits ridicules ;

18· de soulever une discussion pour défendre un ami, il suffit que vous témoigniez votre estime pour lui ;

19· de dire *« si ce que vous dites est vrai »* cette phrase constitue un démenti impoli ;

20· sous prétexte de franchise, de dire des vérités désagréables ;

21· de rire de ce que vous dites ;

22· les manifestations bruyantes ;

23· d'exagérer les félicitations méritées par les causeurs ;

24· les expressions techniques qui donnent au langage une couleur de pédantisme.

Q. — *Quel est le rôle des auditeurs ?*

R. — Les auditeurs doivent regarder avec calme la personne qui parle, puis celle qui répond.

Il convient qu'ils aient une expression légèrement méditative, qui dénote une attention impartiale et réfléchie.

Ils souriront aux bons mots. Ils regarderont en face leur interlocuteur et répondront correctement à tour de rôle avec aisance.

Ils seront indulgents pour les débutants.

Ils émettront leurs opinions avec simplicité et les soutiendront sans opiniâtreté.

Ils déclineront s'il y a lieu, toute controverse par quelques mots polis.

Q. — *Quelles règles doit-on observer dans une causerie ?*

R. — Le langage doit être correct, la prononciation pure, le geste sobre. Il convient d'éviter les phrases trop longues. Il est indispensable de conclure avec esprit.

Visites

Q. — *Quelles sont les visites obligatoires ?*

R. — Les visites obligatoires sont :

1· **Les visites du jour de l'an** qui se font la *veille*, aux grands parents, aux père et mère, aux ascendants et aux principaux Chefs hiérarchiques, à moins que ceux-ci aient indiqué un jour officiel.

Dans le courant du mois aux amis et connaissances.

2· **Les visites de noces**, se font au retour du voyage de noces ou après la première quinzaine du mariage si l'on ne part pas. Elles se font en voiture et ne durent que quelques minutes. La toilette de cérémonie est de rigueur. Ces visites sont rendues dans la quinzaine. On se borne à envoyer une carte, si l'on veut décliner les relations avec le nouveau ménage.

3· **Les visites de condoléances** se font dans la première quinzaine qui suit la réception de la lettre de faire-part. On n'insiste pas pour être reçu. La tenue doit être grave, le langage sérieux. On exclut les enfants de ces visites.

4: **Les visites de remerciements** se font dans les huit jours qui suivent un dîner, un bal, une soirée ou une fête à laquelle on a assisté.

La tenue est celle des visites ordinaires.

5: **Les visites aux malades** ne se font qu'après que le malade en a manifesté le désir. Cependant tous les membres d'une société amicale ou mutuelle ont pour devoir de se rendre au domicile du malade pour y prendre des nouvelles ou le visiter.

On parle bas à un malade, on le console et l'encourage. Si on ne peut se déplacer, il faut faire prendre de ses nouvelles au moins deux fois par semaine et faire déposer sa carte.

Les mêmes devoirs s'imposent aux enfants à l'égard de leurs camarades de classe ;

6: **Les visites de félicitations,** après une naissance, après l'annonce d'un mariage, d'une nomination à un grade plus élevé ou tout autre évènement heureux, se font toujours prompte-ment. Une carte avec quelques mots, s'emploie envers ceux qui ne sont pas admis dans l'inti-mité ;

7: **Les visites d'arrivée et de départ,** se font auprès des personnages marquants avec lesquels on aura des relations forcées par la suite ou auprès de toutes les personnes connues dont on se séparera.

Les très Hauts Personnages reçoivent les visites

officielles le jour de leur arrivée et les rendent quelques instants après.

Si au jour de votre départ vous ne trouvez point la personne chez laquelle vous vous êtes présenté, déposez votre carte avec les lettres P. P. C., c'est-à-dire « *Pour prendre congé* ».

Un nouveau fonctionnaire, civil ou militaire, s'informe des coutumes locales auprès de celui qu'il est appelé à remplacer.

Lorsqu'on change d'appartement ou d'adresse, il est convenable d'aviser ses parents, ses amis verbalement. On prévient officiellement ses supérieurs.

Les audiences

QUESTION. — *Quelles sont les conditions à remplir pour obtenir une audience ?*

RÉPONSE. — Pour obtenir une audience du Chef de l'Etat, d'un Ministre ou de tout autre Personnage haut placé, il faut lui adresser sa demande par la voie hiérarchique ou diplomatique. Cette pétition doit être affranchie si on l'envoie par la poste ; la franchise postale n'étant acquise que pour les lettres purement administratives.

La tenue de cérémonie ou la redingote est de rigueur.

Les femmes auront une toilette simple et des gants frais.

On salue une première fois en entrant et une

deuxième fois en arrivant devant le Haut Personnage.

Les hommes restent debout, les femmes ne s'asseyent que sur invitation.

On se dégante pour écrire une note qui vous est réclamée.

En sortant on fait une révérence en se retirant en arrière.

Si on est accompagné on salue une seconde fois au moment de se séparer.

Pour les fonctionnaires, *à quelque rang qu'ils appartiennent*, l'habit, le gilet noir, la cravate blanche, les souliers vernis, les gants de demi-teinte sont de rigueur.

Q. — *Quand et comment fait-on des visites ?*

R. — Les visites, autres que celles pour lesquelles un jour est fixé, se font ordinairement de 3 à 5 heures 1/2 du soir.

On ne se présente jamais aux heures de repas ou de travail.

On évite de se rendre en nombre chez une personne qui serait gênée par la présence des visiteurs auxquels il lui serait impossible de répondre d'une façon aimable et soutenue.

Dans les visites, en corps constitués, prenez toujours le rang d'ancienneté de votre fonction ou de votre grade.

Q. — *Dépeignez-nous les préliminaires d'une visite ?*

R. — Après avoir vérifié sa tenue, on indique à son cocher l'adresse de la personne chez laquelle on veut se rendre.

Arrivé au domicile, on se sert du grattoir et du paillasson placés à l'entrée de la porte.

On salue les personnes qu'on rencontre sur son parcours ou dans l'escalier.

S'il n'y a point de domestique ou de valet pour vous recevoir, on sonne ou on frappe doucement, une ou deux fois, jamais trois. Si on ne vous répond pas vous déposez votre carte chez le concierge ou le portier en ayant soin de plier un des coins.

Si on est venu ouvrir, découvrez-vous immédiatement et ne pénétrez dans le salon qu'après avoir été annoncé.

Si vous êtes prié d'attendre, patientez sans inventorier les objets qui meublent le salon. Prenez un album sur une des tables qui en sont garnies plutôt que de sortir un journal de votre poche.

Q. — *Si en pénétrant dans le salon vous y trouvez du monde que ferez-vous ?*

R. — Je me dirigerai tout naturellement vers la maitresse de la maison ou la suppléante, je la saluerai, sans lui tendre la main, et après les compliments d'usage, je saluerai ensuite chaque personne connue et n'adresserai qu'un seul salut aux autres.

Q. — *Quels devoirs sont imposés à un homme du monde reçu dans un salon ?*

R. — Un homme du monde a pour devoir :

1· De laisser les fauteuils aux dames; aux personnes âgées on infirmes ;

2· De se lever quand un visiteur fait son entrée ;

3· De céder sa place à une dame, un supérieur ou à une personne âgée s'il s'aperçoit que tous les sièges sont occupés :

4· De ramasser avec empressement, mais sans précipitation, un objet à terre et le remettre très poliment à la personne qui l'aurait laissé tomber ;

5· D'attendre d'être éloigné pour communiquer ses impressions.

6· De se retirer à propos ;

Q. — *Que faut-il éviter dans un salon ?*

R. — Il faut éviter et se garder ;

1· De déposer sa canne ou son chapeau sur un meuble quelconque ;

2· D'enlever ses gants, de demander l'heure ou de consulter sa montre ;

3· De mettre ses pieds sur les barreaux d'une chaise ou de croiser les jambes ;

4· De toucher aux objets placés sur les meubles, d'en demander le prix ;

5· D'être accompagné d'enfants bruyants, à plus forte raison de chien ;

6· De se retirer trop précipitamment pour ne point renverser un meuble, une chaise, etc.

Q. — Quelle doit être l'attitude d'une personne qui reçoit ?

R. — La personne qui reçoit doit prendre un air gracieux avec tout le monde. Elle doit aller recevoir son visiteur à la porte s'il n'y a personne dans son salon ; elle lui désigne un siège et entame la conversation.

Une personne qui reçoit ne doit jamais quitter ses visiteurs à moins d'un fait extraordinaire, dans ce cas, elle s'excuse. Si l'absence doit se prolonger elle est tenue de revenir et de présenter à nouveau ses excuses. Ses visiteurs comprendront qu'ils doivent se retirer.

Q. — Une maîtresse de maison a-t-elle d'autres obligations à remplir à l'égard des personnes qu'elle reçoit ?

R. — Oui! Ces obligations sont :
1· L'abandon immédiat de tout travail ;
2· Prévenir ses visiteurs et les engager à déposer leur canne et leur chapeau au vestiaire. Elle ne devra jamais les prendre elle-même ;
3· D'entretenir la conversation et de ne la laisser jamais tomber ;
4· De congédier les importuns ;
5· D'être aimable avec tous et de ne point se permettre de regarder la pendule, de tisonner

le feu et d'avoir un air distrait ;

6· De se faire seconder dans ses réceptions par ses enfants.

Invitations officielles ou intimes

QUESTION. — *Quels sont les délais à observer dans les invitations ?*

RÉPONSE. — 1· Les grandes cartes d'invitations pour dîners, bals, soirées, lunchs de réceptions sont lancées quinze jours à l'avance ; dès la réception de cette invitation il est obligatoire d'envoyer une carte de visite de refus ou d'acceptation ;

2· Pour les dîners autres que ceux d'apparat, l'on n'invite que huit jours à l'avance ;

3· Pour les dîners ordinaires, on écrit trois jours à l'avance ;

4· L'invitation à un dîner intime peut se faire le jour même sur carte de visite ou par lettre, si on ne répond pas c'est qu'on accepte. Dans les trois premiers cas, les invités sont tenus de répondre immédiatement afin que l'on puisse disposer de leurs places en cas de refus ;

5· Un déjeuner intime peut être offert de vive voix le jour même ;

6· Le déjeuner des rois, le réveillon, les repas de fêtes font l'objet d'invitations verbales ou par cartes de visite quelques jours à l'avance ;

7· Dans les 24 heures, la famille de la fiancée

---

doit rendre la visite faite, par celle du futur, pour les présentations officielles.

Dans le cours de cette visite, le jour du dîner des fiançailles est fixé et le nombre des invités est arrêté. En général, les invitations sont limitées aux membres les plus rapprochés des familles, aux demoiselles et garçons d'honneur, aux intermédiaires et aux amis *les plus intimes*.

On étend les invitations, suivant son état de fortune, pour le dîner des fiançailles et celui qui suit la signature du contrat.

Le dîner de noce nécessite des invitations illimitées ou restreintes, *dans les 40 jours*, suivant le programme adopté par les conventions.

En France, le mariage civil provoque une simple réunion de famille et d'amis ; la cérémonie religieuse accomplie, est suivie de *banquets* successifs dont la durée n'excède jamais trois jours.

Dans ce dernier cas, les nouveaux mariés ont dû partir le premier soir, pour une résidence inconnue. Les simples connaissances ne seront avisées du mariage que dans le courant du mois suivant.

Dans les familles modestes, il y a lieu d'envisager que l'économie est le principe primordial de l'installation aisée d'un jeune ménage;

8· L'usage exige que le choix d'un parrain ou d'une marraine, soit fait avant la naissance de l'enfant et 40 jours avant l'avènement.

Les invitations ne se font, pour le dîner du baptême, que 8 ou 10 jours avant cette cérémonie, afin de permettre à la mère d'assister, ne serait-ce qu'un instant, aux toasts portés en son honneur et à celui du nouveau-né, le soir des réjouissances ;

9· On répond dans les vingt-quatre heures, et, à la rigueur, le jour même aux invitations ayant un caractère de prescription ou d'*ordre officiel* ;

10· Toutes invitations non spécifiées conservent un caractère intime, absentes de toutes formalités. Elles n'intéressent, du reste, que la camaraderie affectueuse ;

11· Les lettres de faire part, si on en envoie, doivent être distribuées à profusion, afin de ne blesser et de n'oublier personne. Il est admis de se servir simplement de la publicité locale, si le défunt n'est pas un personnage marquant ou **un bienfaiteur de l'Humanité**.

Pour ce dernier, on doit prouver, en cette circonstance, en quelle estime on tenait l'homme de bien disparu.

On manquerait à son devoir en négligeant d'assister à son convoi ou en n'adressant pas des consolations à la famille malheureuse.

Ses amis devront, par la suite, protéger, aider, et au besoin secourir **sa veuve et ses orphelins**.

Les Sociétés, les Associations, les Groupements auxquels il appartenait, de son vivant, et avec lesquels il travaillait pour améliorer le bien-être

de la grande famille des humains, **seront tenus**
également de secourir efficacement ceux que sa
disparition aura laissés dans la gêne ou dans la
misère.

CHAPITRE II

Des Repas

Question. — *Comment les repas doivent-ils être ordonnés ?*

Réponse. — Un repas, ne se composerait-il que d'aliments rudimentaires, doit être présenté et exposé dans les formes les plus appétissantes sur une table convenablement installée, où le linge sera blanc, les couverts d'une propreté impeccable et entourée de convives aimables.

Nul ne doit être invité sans qu'il soit préalablement renseigné sur le nombre et la qualité des personnes étrangères qui assisteront au repas.

On se gardera toujours d'inviter deux ennemis à la même table quand bien même on aurait l'intention de chercher à les réconcilier.

Q. — *Quelles sont les règles à observer lorsqu'on a accepté de prendre part à un repas ?*

R. — 1· On ne doit jamais arriver ni trop tôt, ni trop tard ;

2· La tenue doit être correcte et la toilette du corps soignée ;

3· On agi, dès qu'on a été introduit au salon, comme il a été recommandé pour les visites jusqu'au moment de l'annonce : « **Madame est servie !** » A ce moment, l'invité, s'il est seul, offre son bras à la maîtresse de la maison ; s'il se trouve dans la société, un personnage supérieur à sa condition, il s'adresse à la dame qui est auprès de lui, et il la conduit directement à la place qui lui est réservée à table. Il salue, et, sans précipitation ni trop de lenteur, il se rend auprès de la sienne qu'il n'occupe que lorsque les places d'honneur sont occupées.

Q. — *Quel est le rôle d'un convive à table ?*

R. — 1· Un convive doit être prévenant pour les dames placées près de lui ;

2· Il doit découper et au besoin servir, s'il n'y a pas de domestique ;

3· Il déclare que les mets sont bons lorsqu'on le consulte à ce sujet ;

4· Il reste servi si la maîtresse de la maison lui a fait cet honneur ;

5· Il vide complètement son verre s'il toaste aux maîtres de la maison ;

6· Il accepte le partage d'un fruit, mais ne l'offre que lorsqu'il s'est assuré qu'il n'y en a pas pour tout le monde ; dans ce cas, il offre la plus forte part.

Q. — *Comment distribue-t-on les places dans un repas ?*

R. — Les places d'honneur sont aux maîtres de la maison qui installent à leurs côtés, soit les personnes les plus âgées, soit les personnes les plus considérables, ou encore celles pour lesquelles le dîner est principalement offert. On ne place jamais le mari et la femme, deux dames ou deux messieurs à côté l'un de l'autre.

Les jeunes gens occupent les bouts de la table. Il est admis de mettre les enfants à une table à part.

Q. — *Indiquez-nous la manière dont on se sert des objets de table ?*

R. — *La serviette* se pose sur les genoux sans être entièrement dépliée ; on ne l'attache point autour du cou et on n'en glisse pas le coin dans l'ouverture du gilet. On essuie ses lèvres avant et après boire.

Les verres ne s'essuient jamais avec la serviette. Si vous remarquez quelque chose, passez cet objet discrètement au domestique qui comprendra immédiatement. Chaque verre a sa destination.

La cuiller seule sert au potage ; si celui-ci est trop chaud, attendez qu'il soit refroidi pour le manger, mais ne soufflez pas. Lorsque vous avez terminé laissez la cuiller dans l'assiette.

La fourchette est prise de la main gauche pour découper la viande au fur et à mesure des besoins ; elle est portée à la bouche de cette main, puis saisie de la main droite pour être remise en place.

On ne s'en sert jamais pour puiser dans un plat. On laisse sa fourchette dans son assiette lorsqu'elle a servi pour manger du poisson ou un mets sucré.

Les couteaux sont de trois sortes : le couteau des deux ou trois premiers services, le couteau à découper et le couteau à dessert. Il faut se garder de se servir de l'un pour assurer le service de l'autre. Un couteau ne doit jamais être porté à la bouche.

Une fourchette, une cuiller et un couteau se présentent toujours par l'extrémité inférieure. La fourchette et le couteau sont laissés dans l'assiette après le rôti. Il en est de même pour les objets servant aux desserts.

Les assiettes circulent pour la distribution du potage, si c'est le maître de la maison qui le sert. On ne remet jamais son assiette au domestique, on attend qu'il l'enlève.

Dans certaines familles, l'assiette à dessert n'est point renouvelée.

Les vins sont servis en tenant le col de la bouteille près du cordon.

On ne doit jamais la prendre par le milieu, et il

faut bien se garder de servir en renversant la main les ongles en dessus.

On évitera de laisser répandre le champagne, de servir le fond d'une bouteille à un de ses voisins et de verser outre mesure.

On demande : du vin de Bordeaux, du vin de Champagne et non : du Bordeaux, du Champagne.

En cas d'accident, on s'excuse sans insister et sans trouble,

Le pain se rompt et ne se coupe pas.

Les enfants se garderont bien de rechercher les quignons extrêmes dans la corbeille à pain.

Si on sert le café dans la salle à manger les couverts sont enlevés et les mies de pain sont recueillies dans un récipient au moyen d'une brosse spéciale.

Ces ustensiles sont généralement des objets d'art.

Ne roulez jamais des mies de pain entre vos doigts.

N'essuyez point votre assiette avec votre pain.

Menus. Les menus ne doivent jamais être exagérés. S'ils comportent plusieurs services, les convives feront honneur à chacun d'eux avec modération.

Les menus enluminés et portant le nom de l'invité peuvent être conservés par celui-ci.

Les carafes sont placées aux bouts de la table. Dans un banquet, elles figurent entre les groupes de bouteilles sur la même ligne. On n'offre jamais d'eau à ses voisins ; on les sert s'ils vous en demandent. Tous les liquides sont servis lentement et modérément.

Salières. Il est de la dernière inconvenance de prendre du sel ou du poivre avec les doigts ; on se sert de la pointe de son couteau s'il n'y a pas de cuillers spéciales.

Surtouts. Dans les repas d'apparat les pièces d'orfèvrerie, chargées de fleurs ou de fruits, sont placées de façon à ne point gêner les convives ni le service.

Bouquets ou fleurs. On honore la maîtresse de la maison en plaçant à la boutonnière le minuscule bouquet ou la fleur rare que vous trouvez à votre place. Il n'est point convenable de déposer ces fleurs sur la table.

Les tasses à café. Il est de très mauvais goût de verser le café par dessus bords ou de le verser dans la soucoupe pour le faire refroidir.

Si vous êtes autorisé à fumer ne déposez point vos cendres ou vos bouts de cigares ou de cigarettes dans votre soucoupe. Servez-vous d'un cendrier.

De la correction à table

Q. — *Quelle doit être l'attitude d'un convive à table ?*

R. — Elle doit être correcte en toutes circonstances. Il ne sera ni trop près, ni trop éloigné de la table ; Il n'y appuiera que les mains et les poignets.

Il évitera d'allonger les jambes et de rencontrer celles de ses voisins et des personnes placées en face de lui. S'il présente un plat, il doit dire :

« *Madame, mademoiselle ou monsieur, pourrais-je vous en offrir ? et non : En voulez-vous ?* »

Si le plat est trop éloigné de son voisin, il attendra que le maître aille au-devant de son désir. Il se servira sans choisir.

Il écrasera avec sa fourchette, les coquilles vides des œufs à la coque.

S'il est prié de découper, il ne retroussera pas ses manches ; il fera preuve d'habileté et il agira avec promptitude en ayant soin de ne rien répandre sur la table.

Il ne se servira de ses doigts que pour manger du pain, des asperges, des artichauts, des fruits ou des gâteaux. On se sert de la fourchette pour la salade et détacher la viande des os. On ne flaire point l'une et on ne jette jamais les autres sous la table. On laisse dans son assiette tout ce qui ne plait pas.

Ne mettez jamais rien dans vos poches.

On ne doit pas parler la bouche pleine ; on l'essuie avant de commencer.

Un convive s'absente avec discrétion, mais il ne quitte la table que lorsque le maître ou la maîtresse en a donné le signal ; à ce moment, il pose sa serviette, sans la plier, sur la table.

De la sortie de table

Q. — *Que doit-on faire en sortant de table ?*

R. — Les messieurs offrent le bras aux dames pour les conduire au salon, les dames s'asseyent, les messieurs restent debout.

(Après un déjeuner, le café est servi par un domestique ; après un dîner, la maîtresse de maison ou un de ses enfants est chargé de ce soin.)

On ne fume jamais dans un salon : on se rend au fumoir, au jardin ou au balcon. Le maître de la maison accompagne les fumeurs.

On doit généralement passer la soirée dans la maison où on a dîné.

De la tenue dans un salon

Q. — *Comment doit-on se conduire dans un salon ?*

R. — Avant de se rendre au dîner, on aura dû prévenir dans le cas où des motifs impérieux vous empêcheraient de passer la soirée après le repas. En se retirant, on manifeste des regrets d'être obligé à ce départ.

Si, une fois dans le salon, on est invité à se mettre au piano pour exécuter un morceau ou pour chanter, on doit le faire de bonne grâce ou ne point le faire en s'excusant.

Dès que vous aurez refusé, résistez aux instances réitérées, autrement vous seriez ridicule.

Il ne faut jamais se lancer dans des morceaux d'une exécution difficile, à moins d'être artiste.

Une simple romance chantée avec sentiment, avec goût, peut faire réellement plaisir.

C'est une attention délicate de se placer derrière le siège d'une dame qui est au piano et de tourner les feuillets de musique.

Il est inconvenant d'accaparer le piano ou d'exécuter personnellement plusieurs morceaux sans en être prié.

La maîtresse de maison doit montrer la même sollicitude pour tous ses invités et s'informer s'il ne leur manque rien. Ses enfants l'aideront dans cette tâche.

Dans une grande soirée, non précédée d'un dîner, on sort clandestinement, sans saluer personne, à moins que l'on ne connaisse celles dont on est entouré ; alors, on leur dit : « Adieu » tout bas.

Des banquets

Q. — *Quelle différence existe-t-il entre un banquet et un repas de famille ?*

R. — Un banquet n'est qu'une réunion de camarades, de connaissances ou d'étrangers dont chacun verse le prix de son repas. Les banquets diffèrent des repas de famille en ce qu'ils se terminent généralement par des discours et des chansons plus ou moins grivoises où les femmes et les enfants ne sont pas admis.

Dans ces réunions, il est généralement prononcé des discours ou des allocutions. Les discours doivent être préalablement étudiés et les allocutions, avant d'être prononcées, doivent faire l'objet d'une certaine réflexion ; elles sont ordinairement très serrées et très courtes. Il faut se taire plutôt que de divaguer et de dire des bêtises.

Il est de bon ton de prévenir le Président, avant le commencement du repas lorsqu'on a l'intention de prendre la parole au dessert. Il vous indiquera alors l'ordre de votre inscription.

Si une personne plus âgée ou plus influente se fait inscrire après vous, n'hésitez pas à lui céder votre tour.

Les chansonnettes seront absentes de toute immoralité.

Un homme sérieux doit l'être partout ; il perdrait de sa dignité s'il dépassait les limites de la morale.

Il n'y a que les pitres et les gens mal élevés qui s'abandonnent à des auditions scabreuses.

Avant de se retirer, on présente ses civilités au Président.

Des bals

QUESTION. — *Quelle distinction doit-on faire entre une sauterie et un bal ?*

RÉPONSE. — Une sauterie est organisée spontanément, tandis qu'un bal est organisé à l'avance.

Les sauteries peuvent être considérées comme des écoles de danse pour les enfants et les jeunes gens qui, dans ces genres d'exercices, s'accoutument aux bonnes manières, apprennent à se tenir correctement dans le monde en perdant la plus grande partie de leur timidité.

Ils s'attacheront à procurer du plaisir aux personnes âgées qu'ils inviteront à tour de rôle. Il est de leur devoir de distinguer également la maîtresse de la maison et les membres de sa famille. Si une personne refuse, le jeune homme se fera remarquer favorablement s'il demande l'autorisation de tenir compagnie à cette dame pendant la durée de la danse. Sa conversation sera aimable.

Nul n'a le droit de critiquer un ou plusieurs groupes de danseurs. Les maîtres de la maison ont seuls le droit de faire des remarques civiles aux jeunes gens trop exubérants. Ceux-ci ne doivent point stationner devant les dames assises autour de la salle.

Il est formellement interdit de faire circuler des rafraîchissements pendant les exercices de danses. On débarrasse une dame de son verre si le domestique est absent. Une dame peut être conduite dans la salle réservée aux dressoirs si elle en manifeste le désir.

Après une sauterie on se retire après avoir remercié ses hôtes.

Q. — *Quelle conduite doit-on tenir dans un bal officiel ?*

R. — On doit danser modérément afin d'éviter l'essoufflement et la transpiration. Les gants blancs, qui sont de rigueur, ne se retirent jamais.

On évite de tourner trop vite afin de ne point indisposer sa danseuse et de ne point soulever les basques de son habit.

Une dame ne doit jamais être trop serrée par son cavalier, ni être soulevée de terre. Elle relève elle-même la queue de sa robe et n'en fait jamais supporter le poids à son danseur.

Dans un bal on peut se dispenser de danser, mais alors il est d'usage de se rendre agréable en allant féliciter les groupes de vos connaissances pendant les repos.

Une femme ou une jeune fille ne peut refuser, sous un prétexte de fatigue, un danseur qui lui déplait, sans se mettre dans l'impossibilé de danser le reste de la soirée.

Si elle venait à oublier une invitation, elle doit s'excuser près des deux cavaliers et rester sur son siège pendant cette danse.

Si on trouve un objet précieux, dont on ne connaît pas le propriétaire, on le remet à l'un des maîtres de cérémonies, à l'intendant ou à un des commissaires. S'il n'y en a point, déposez-le sous pressantes recommandations au vestiaire.

Si on vous remercie par la suite, soyez modeste et éclipsez vous. Ne vous rendez jamais seul au buffet et n'y séjournez que très peu de temps, à moins que la dame que vous accompagnez vous prie de patienter.

L'habit avec décorations, pour les civils, est de rigueur. Les uniformes des fonctionnaires doivent être brillants. Les demoiselles sont moins décolletées que les dames. Les jeunes gens sont admis dans les bals officiels après présentation préalable et invitation. Les enfants n'y sont point reçus.

Les salles de jeu ne sont accessibles qu'aux messieurs.

Les dettes de jeu sont payables dans les 24 heures.

Q. — *Quels sont les devoirs des maîtres de la maison ?*

R.— Ils se tiennent dans le premier salon, en toilette de bal assez simple afin de ne pas éclipser les toilettes de leurs invités.

Le mari, entouré de ses frères, beaux-frères, fils ou neveux, se place auprès de la porte d'entrée, pour offrir son bras aux dames qui arrivent.

Il les mène à sa femme, et après les brèves politesses échangées, il les conduit à la place qui leur est réservée et va reprendre son poste près de la porte.

Si les groupes sont trop nombreux, les maîtres de la maison se contentent de répondre au salut de chacun d'eux. Ils ne doivent quitter leur poste que lorsque les danses sont assez animées. Ils se multiplient, sans fatigue, auprès de leurs invités. Ils les engagent à se répandre dans les autres salons, au gré de leur caprice, lorsque le premier est complètement occupé.

On évite de mener une jeune fille hors du salon où sa mère est assise et il est interdit de lui témoigner trop de prévenances. On ne lui parle qu'à haute voix pour que les plus proches voisins entendent ce qui lui est dit.

La formule d'invitation est toujours à peu près la même : « *Puis-je espérer*, Madame ou Mademoiselle, *que vous voudrez bien me faire l'honneur de m'accorder la prochaine valse, polka, etc...*

La personne ainsi sollicitée, répond : « *Avec plaisir, Monsieur* », ou elle exprime ses regrets et ses remerciements.

On ne saurait dire : *Me feriez-vous le plaisir, etc.*, il faut se servir du mot *honneur*. Lorsqu'on a été agréé, il faut se présenter sans retard, dès les premières mesures. Après avoir ramené sa danseuse à sa place, on s'incline sans mot dire. La dame ou la demoiselle rend le salut.

Les civils offrent le bras gauche aux dames ; les fonctionnaires, armés de l'épée, offrent le bras droit. Aujourd'hui, les maris prennent le bras droit de leur femme. Cette innovation, très critiquée, dans certains milieux, ne saurait être admise à l'égard des personnes fatiguées ou d'un certain âge.

Les femmes qui vont à plusieurs soirées la même nuit, doivent conserver leur sortie de bal, si elles se présentent dans une soirée où les invitées ne sont pas décolletées.

Elles s'abstiennent d'entrer si l'on danse, ou pendant que les artistes exécutent un morceau de chant.

Les Cotillons se dansent à la fin d'un bal. Il est mené par la fille de la maison, assistée d'un cavalier conducteur sans considération d'étiquette.

A défaut de la fille de la maison, la maîtresse de céans désigne, comme dame conductrice, la femme à laquelle elle veut faire les honneurs.

Le fils de la maison, s'il est bon conducteur, lui est donné pour partner.

Le conducteur dirige et ordonne les figures en se basant sur la série des danses adoptées.

Il renseigne les groupes et exécute avec sa danseuse toutes les combinaisons dûes à son initiative.

Toutes ces combinaisons, armées d'accessoires, doivent être amusantes et de bonne compagnie.

Suivant la décision du maître de la maison, le cotillon a lieu avant ou après le souper.

Les soupers se font assis ou debout. Les dames seules sont assises. Lorsqu'il y a deux tables, la maîtresse de maison préside l'une, le maître l'autre.

Si le nombre des convives est considérable, le service se fait par série.

Les fleurs et les lumières y sont groupées à profusion. On ne boit que du champagne dans les soupers, à moins que certains invités réclament des vins moins capiteux.

Si le souper est transformé en buffet, les jeunes filles y suivent leur mère, ou prennent le bras de leur père, de leur frère, beau-frère, oncle, ou maître de la maison. Les cousins et les étrangers, autres que les intimes de la famille, ne doivent pas les y conduire.

Des domestiques, sous les ordres d'un maître d'hôtel, répondent aux désirs des invités. Il serait regrettable qu'il soit répondu à un invité qu'il n'existe plus de la chose demandée.

On doit bien faire les choses ou ne point les faire.

Les lunchs de réception ne comportent que la distribution par la maîtresse de la maison ou les membres de sa famille, de fruits, bonbons, pâtisseries fines, vins, liqueurs ou chocolat.

Dans ces circonstances, on offre d'abord aux personnes d'une différence d'âge bien marquée ; en dehors de cette exception, la maîtresse fait, sans distinction, le tour du salon, sans tenir compte des préséances.

Des soirées

Q. — *Quels sont les usages adoptés pour les invitations aux soirées musicales et aux concerts ?*

Réponse. — Les invitations se font huit jours à l'avance. Elles indiquent s'il s'agit d'une matinée musicale ou d'un concert de soir, suivi ou non de bal. L'heure est désignée.

Les toilettes de visite sont admises ainsi que l'habit ou la redingote dans les matinées musicales ; mais, on exige dans les soirées du même genre, les tenues de demi-cérémonie, c'est-à-dire, ouvertes et demi décolletées, avec manches au coude pour les dames et l'habit pour les messieurs.

On ne dérange personne si on ne dispose pas d'excellents artistes, à moins d'avoir annoncé que la scène sera occupée par des amis-amateurs.

Dans ce dernier cas des bouquets sont offerts aux dames qui ont rempli un rôle quelconque.

Tout amateur mérite l'indulgence et il serait mauvais de ne point l'encourager par une petite, toute petite manifestation sympathique au besoin, car il faut admettre que, s'il s'est aventuré de bonne grâce, il n'a point eu l'intention de mystifier son auditoire.

TROISIÈME PARTIE

CHAPITRE PREMIER

Le Mariage

QUESTION. — *Comment procède-t-on à une demande de mariage ?*

RÉPONSE. — Dès qu'un jeune homme a fixé son choix, il en avise franchement son père et sa mère qui s'empressent de prendre des renseignements sur la jeune fille et la famille de celle-ci.

Si les renseignements sont favorables et qu'il n'y ait aucun empêchement, on fait faire une démarche par une personne honorable et habile de connaissance, dans le but de sonder le terrain afin d'épargner au prétendant un refus direct. Dans un certain monde on préfère employer, et c'est prudent, les rapprochements par une succession de petites soirées où les jeunes gens sont invités et mis ainsi directement en rapport sous les yeux des familles du jeune homme et de la jeune fille.

Si l'une ou l'autre de ces familles n'approuve pas cette union, elle s'abstient d'assister à ces soirées préméditées.

Dans le cas contraire, les père et mère se consultent et, après entente, des démarches sont faites et on procède comme il a été indiqué au chapitre des invitations, § 7. (PAGE 48).

Devoirs des époux

Q. — *Quels sont les devoirs des époux ?*

R. — Tout en s'affectionnant, les époux doivent s'habituer à n'employer, l'un à l'égard de l'autre, que des termes et expressions convenables.

La prière amicale et le remerciement, sont les bases d'une relation charmante et qui provoquent l'estime réciproque.

Le mari et la femme qui se respectent, sont adorés de leurs enfants qui, s'imprégnant de leurs bons exemples, deviennent par la suite, d'excellents sujets mondains.

Par la stricte observation des devoirs individuels, communs ou réciproques, on évitera la cruelle séparation que le divorce provoque dans les familles.

S'il y a malentendu, c'est] au mari qu'il appartient d'apporter le calme dans les débats, et, au besoin, pour la tranquillité de la petite famille, il doit donner l'exemple de l'abnégation et de la sagesse.

Une quotidienne affabilité, une égalité de caractère de tous les instants, une prévenance ininterrompue, engendre toujours : une amitié profonde, une estime sans limites et une réunion complète de deux intelligences et de deux cœurs.

L'un et l'autre doivent s'employer à se satisfaire en toutes occasions.

Le mari va au-devant des désirs de sa femme, et celle-ci n'hésite pas à lui témoigner sa joie et son affection.

L'avenir et le bonheur des enfants doit écarter de la pensée toute idée de séparation et encore moins de divorce.

Le divorce tombera en désuétude quand les époux auront le respect d'eux-mêmes.

C'est ternir la réputation de deux noms et de plusieurs familles, que de s'abandonner à ses défauts.

De la déconsidération de l'un ou de l'autre des époux, naît le martyre des pauvres enfants, qu'un avenir désespéré attend aux portes de l'existence.

Les Baptêmes

Q. — *Quelles sont les obligations que crée le parrainage ?*

R. — Le parrainage impose l'obligation de

protéger un enfant qu'on a doté de prénoms et tenu sur les fonts baptismaux.

Ce devoir devient plus impérieux si le père et la mère viennent à disparaître.

Lorsqu'on a accepté, on est tenu d'offrir à la marraine et à la mère de l'enfant un cadeau proportionné à ses moyens.

Si on offre des bonbons, il convient de les adresser dans des cornets ou des boîtes et non dans des sacs.

Le parrain a pour devoir également d'offrir à son filleul, un service d'argent ou de vermeil, ou un livret de Caisse d'Épargne.

La sage-femme et les officiants ne sont pas oubliés.

La famille de l'enfant offre généralement un dîner aux invités.

Un filleul doit toujours adresser ses vœux de nouvel an à ses parrain et marraine.

Les Funérailles

Q. — *Quelles sont les règles adoptées pour les funérailles ?*

R. — Dès qu'un décès se produit, les membres de la famille ou les amis de la maison remplissent toutes les formalités officielles, à l'état-civil, aux pompes funèbres, à l'église, s'il y a lieu, au cimetière, etc... On prévient l'officier de place si le défunt est décoré. Les amis rédigent et adressent les lettres de faire part.

La maison mortuaire est transformée en chapelle ardente. La porte d'entrée est ornée de draperies. Une table est installée dans le vestibule afin de permettre aux invités de s'inscrire sur le registre qui y sera déposé.

Tout empêchement justifié fera l'objet d'une lettre d'excuses accompagnée de compliments de condoléances.

Les dames ne suivent généralement pas les cortèges, mais elles se rendent à l'église ou au champ de repos.

Les amies intimes restent auprès de la mère, de la veuve ou des filles du défunt. Les discours ne sont prononcés qu'après autorisation de la famille.

Les voitures de deuil reconduisent à domicile les invités.

Le Deuil

Q. — Quelles sont les règles imposées pour la durée du deuil ?

R. — L'étiquette exige :
Deuil de veuve, un an et six semaines ;
Deuil de veuf, un an ;
Deuil de père et de mère, de beau-père, belle-mère, grand-père, grand'mère, un an ;

Deuil d'enfant, de frère, de sœur, beau-frère, belle-sœur, six mois ;

On porte le deuil de trois à six mois lorsqu'on est légataire d'un étranger ;

Deuil d'oncle, de tante, tuteur, parrain, ou marraine, trois mois ;

Deuil de cousin-germain, six semaines ;

Deuil de cousin issu de germain, trois semaines;

Tout parent omis sur une lettre de faire part ne prend pas le deuil ;

L'étiquette interdit (affirment certains auteurs) aux parents et grands parents de porter le deuil de leurs enfants et de leurs petits enfants.

Q. — *Comment porte-t-on le deuil ?*

R, — Les hommes le portent au chapeau ; les fonctionnaires et les lycéens, au bras gauche ; les femmes portent des vêtements noirs.

Pour les enfants, habillés de blanc, une ceinture noire suffit. On suspend le deuil pendant 24 heures pour assister à un mariage ou à un baptême suivi de réception.

CHAPITRE II

Annexe

Tous les actes de la vie étant soumis à des conventions ou à des règles admises par l'usage, il peut se produire qu'à la suite d'un manquement à ce système ou d'une violation d'un des principes son auteur soit mis en cause et rendu responsable, ou de son *ignorance*, ou de ses inconvenances, ou de son manque absolu d'éducation.

Dans ce cas, tout sujet est éliminé de la bonne Société, et, pour y être admis à nouveau, il n'aura qu'à chercher un réfuge dans la barbare et immorale rencontre que la Société appelle le *duel*.

Bien que le duel ne signifie point que le vainqueur a raison, il est malheureusement admis que le courage dont on a fait preuve dans une rencontre, peut, non pas excuser, mais bien faire oublier la mauvaise action commise.

Les jeunes gens inexpérimentés, mais disposant

d'un tempérament tel, que la suffisance et la présomption rendent insupportables, auront certainement maille à partir avec les susceptibles du monde qu'ils fréquenteront.

C'est afin de les mettre en garde contre cette tendance à la supériorité à l'égard d'autrui, que nous croyons devoir placer sous leurs yeux les théories qui président à tout ce qui intéresse *le Duel*.

Le Duel

Q. --- *Qu'est-ce que le duel ?*

R. — Le duel est un combat singulier arrêté à la suite d'une offense ou d'une injure.

Il est défendu par la loi qui le condamne et qui punit ceux qui auront versé le sang de leur semblable.

Il a lieu en champ clos, en présence de témoins et d'un ou de plusieurs médecins.

Il est limité au premier, deuxième ou troisième sang, à moins que les témoins réunis aient décidé que le combat ne cesserait que lorsqu'un adversaire serait dans l'impossibilité absolue de continuer la lutte.

Q. — *Quels sont les devoirs des témoins ?*

R. — Lorsqu'il y a eu offense ou injure, la victime s'adresse à deux de ses amis, à leur défaut, à deux personnes honorables et les prie de se rendre auprès de son insulteur pour lui

demander rétractation, et en cas de refus, répa-
ration par les armes.

Après avoir accepté cette mission, les mandataires informent leur mandant qu'à dater de ce
moment, ils ont seuls qualité pour agir et qu'en
raison de ce qu'ils ont décidé, il ne lui est pas
permis d'intervenir personnellement, sous aucun
prétexte. Ils vont ensuite prier la personne
désignée, de constituer ses témoins, afin
d'examiner ensemble les faits reprochés, ainsi
que les explications du provoqué.

En toutes circonstances, les témoins des deux
partis doivent examiner et agir avec la plus
loyale impartialité et la plus grande correction.

Leur premier devoir consiste à chercher à
arranger l'affaire, tout en sauvegardant l'honora-
bilité des deux adversaires.

Tous leurs efforts tendront à faire reconnaître
les torts réciproques et à en atténuer, par des
raisonnements, toute l'importance.

Dans l'impossibilité de s'entendre, ils rédige-
geront, en commun un procès-verbal relatant
ces efforts et ils y indiqueront les noms de ceux
d'entre eux qui se démettraient de leurs fonctions.
Dans ce cas, les récusés ou les démissionnaires,
seront remplacés sans retard et convoqués
immédiatement.

Q. — *Quels sont les préliminaires du duel ?*

R. — Un deuxième procès-verbal indique :

1· La qualité d'offensé ;

2· Le choix des armes ;

3· L'heure, le jour et le lieu de la rencontre et le nom du directeur de combat ;

4· La durée et le nombre des reprises, si le combat a lieu à l'épée ;

5· La distance et le nombre de balles à échanger au pistolet ;

6· L'arrêt du duel après accomplissement des conditions préalables ;

7· Si les procès-verbaux seront ou non, rendus publics.

Q. --- *Que se passe-t-il sur le terrain ?*

R. — Arrivés à heure fixe avec leurs témoins, les adversaires sont placés par ceux-ci à distance, pendant le tirage au sort des places, et des armes la désinfection ou le chargement de celles-ci.

Tous les préparatifs terminés, chaque groupe de témoins se rend auprès de son mandant et lui rappelle tous les engagements pris et arrêtés avant la séance.

Le Directeur du combat, invite ensuite les adversaires à se rapprocher, si la rencontre a lieu à l'épée, ou à se porter à hauteur des piquets indiquant l'emplacement de chaque tireur.

Il joint la pointe des épées et commande : « Allez, Messieurs... » Il arrête le combat chaque fois qu'il suppose qu'un adversaire a été touché.

S'il y a hésitation de la part des combattants il se jette entre eux sans saisir leurs épées.

Il agit de même s'il constate que l'un des intéressés cherche à saisir ou saisit avec la main gauche ou droite l'épée adverse.

Dès qu'une blessure a été faite, les médecins sont appelés à en constater la gravité et à déclarer si elle met le blessé dans un état réel d'infériorité.

Le Directeur, retire les armes des mains des combattants si le duel est terminé, et il attend qu'ils se séparent ou se réconcilient.

En général, un homme de cœur, non blessé, tend la main à son adversaire malheureux, mais rien ne l'y oblige.

Les témoins des deux partis aident les docteurs dans les soins qu'ils donnent au blessé.

En cas de mort sur le terrain, le vainqueur et ses mandataires se retirent immédiatement après avoir salué.

Q. --- *Quelles sont les conséquences du duel ?*

R. — Le désespoir d'une veuve, des orphelins, d'un père ou d'une vieille mère ; l'arrestation de tous les témoins et de l'adversaire. Les armes sont saisies comme pièces à conviction. La Cour d'Assises juge lorsqu'il y a mort d'homme : La Correctionnelle statue s'il y a blessure grave ou légère. Des dommages sont accordés, dans certains cas, aux familles lésées.

Q. — *Que pensez-vous du duel ?*

R. — Bien que la science de l'escrime et l'adresse au tir, permettent de combattre contre un athlète dont la force brutale est supérieure à la nôtre, il y a lieu d'estimer que le duel n'aurait aucune raison d'être, si les hommes civilisés étaient élevés d'après les principes de la tolérance, de **L'Éducation** et de la **Politesse Française.**

JEANNE CARPORZEN.

ERRATA :

PAGES 1 et 5, lire *Rhétorique* au lieu de *Réthorique*.
31, § 20, lire *aux membres* au lieu de *au membres*.
61, § 5, lire *exemptes* au lieu de *absentes*.

NOTES

RENSEIGNEMENTS DIVERS

PUBLICATIONS A CONSULTER

Manuel du Poids Public, par A. CARPORZEN.

Conférences Populaires, par Mme BOULOUIS, Directrice de l'école enfantine d'Eckmühl-Oran.

La Russie, description physique, économique et politique ; *l'Alliance Franco-Russe,* son origine, ses avantages.

Le Plateau Central, voyage de jeunes Algériens. Itinéraire : Oran, Port-Vendres, retour par Marseille.

Les Colonies Françaises d'Extrême-Orient.

BULLETIN
de la
LIGUE FRANÇAISE DE L'ENSEIGNEMENT

Précis d'Histoire et de Géographie
DE L'ALGÉRIE
Par MM. MAZEL et OLIVA

LES ÉTAPES D'UN PETIT ALGÉRIEN, par M. J. RENARD
LE FILS DU DÉPORTÉ. . . . .   id.

CODE DES GRADÉS ET AGENTS DE POLICE
Par M. PONTICELLI
Commissaire Central de la Ville d'Oran

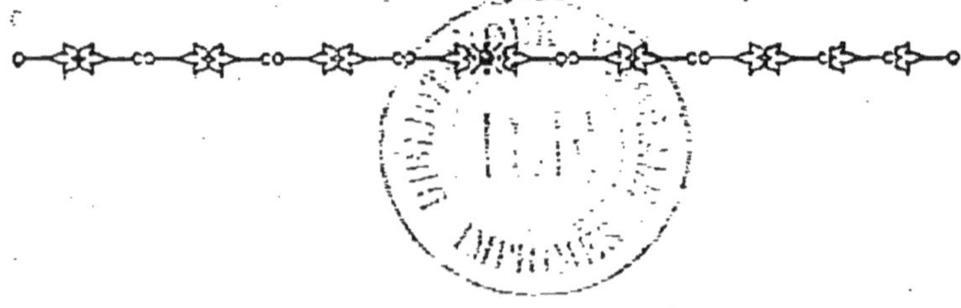

TABLE DES MATIÈRES

PREMIÈRE PARTIE

CHAPITRE PREMIER

CHAPITRE II